하루 두 장 맞춤법 완전 정복 홈스쿨링

“마법의 맞춤법 띄어쓰기”

5 틀리기 쉬운 사이시옷 완전 정복

생각디딤돌 창작교실 엮음
동리문학원 감수
문학나무 편집위원회 감수

생각디딤돌

차례

틀리기 쉬운 사이시옷

1 순우리말이 합해진 낱말에는 사이시옷을 써야 해요.

2 순우리말과 한자어가 합해진 낱말에는 사이시옷을 써야 해요.

낱말을 분명히 맞게 쓴 것
같은데 왜 틀렸지?
《틀리기 쉬운 사이시옷 완전 정복》으로
국어 왕이 되겠어!

하루 2장의 기적!
틀리기 쉬운 사이시옷 정복하고
국어 왕 되기!

틀리기 쉬운 사이시옷 완전 정복하기!

언어를 빠르고 편하게 배우고 익힐 수 있는 방법은 아빠, 또는 엄마한테 배우는 것입니다. 아기는 아빠나 엄마 등 가족의 말을 반복해서 듣고 자라면서 자연스럽게 언어를 배우고 익힙니다. 그런 것처럼 초등 한글 맞춤법도 틀리기 쉬운 낱말을 반복해서 배우고 익히다 보면 자연스럽게 내 것이 됩니다.
동화책이나 다른 여러 책을 읽을 때는 재미 위주로 읽기 때문에 낱말을 정확히 기억하기 어렵습니다. 하지만 《틀리기 쉬운 사이시옷 완전 정복》은 틀린 줄도 모른 채 넘어갈 수 있는 단어들을 정확하게 머릿속에 입력할 수 있도록 꾸몄습니다. 아기가 엄마가 하는 말을 반복해 들으면서 완전하게 따라 하듯이 말이죠.

모든 교과 학습의 시작인 글자 바로 쓰기!

누군가 읽기도 어렵고 함부로 휘갈겨 쓴 손글씨를 보여 준다면 썩 기분 좋은 일은 못 될 것입니다. 반대로 바른 글씨체로 또박또박 쓴 손글씨를 읽는다면 그 글씨를 쓴 사람에게 높은 점수를 줄 것입니다.
스마트폰이 보급되고 멀티미디어 교육 환경이 갖추어지면서 글씨를 쓰는 일이 많이 줄어들고, 컴퓨터 키보드나 스마트폰 터치를 통한 타이핑이 더 익숙해졌습니다. 하지만 바른 글씨는 실제로 학습에도 영향을 미친다는 것을 잊지 말아야 합니다. 《틀리기 쉬운 사이시옷 완전 정복》에는 안내 선이 표시되어 있어 안내 선을 따라 글씨를 쓰다 보면 바른 글쓰기 훈련을 할 수 있습니다.

미래의 경쟁력인 글쓰기!

미국 하버드 대학이 신입생 대상 글쓰기 프로그램을 의무화한 것은 1872년입니다. 자그마치 거의 150년 전입니다. 자기 분야에서 진정한 프로가 되려면 글쓰기 능력을 길러야 한다는 것이 목적이었습니다. 우리나라는 어떨까요? 서울대는 2017년 6월에야 '글쓰기 지원 센터'를 설립했습니다.
어느 분야로 진출하든 글쓰기는 미래 경쟁력입니다. 《틀리기 쉬운 사이시옷 완전 정복》은 짧은 글이라도 매일 써 보는 훈련을 할 수 있도록 꾸몄습니다. 따라 쓰기를 하다 보면 내 글이 자연스럽게 나오기 때문입니다.

짧은 글이라도 매일 써 보는 훈련의 필요성!

어린이들이 글쓰기를 즐기게 하려면 제일 먼저 해야 할 일이 '원고지 만만하게 보기'입니다. 어떤 글이든 빨간 펜으로 일일이 교정을 해 주기보다는 칭찬을 먼저 해 준다면 '원고지 만만하게 보기'는 아주 쉽게 해결될 것입니다.《틀리기 쉬운 사이시옷 완전 정복》 교재를 통해 우리 어린이들이 글쓰기를 두려워하기보다는 '쉽고 만만한' 재미있는 놀이로 여길 수 있기를 기대해 봅니다.

틀리기 쉬운
사이시옷

'오래동안, 오랜동안, 오랫동안' 셋 중에 맞는 맞춤법은 어떤 것일까요? 사이시옷이 들어가는 '오랫동안'이 맞습니다.
사이시옷은 정말 헷갈려요.
그러면 어떻게 구별해야 사이시옷을 완전히 익힐 수 있을까요?
이 장에서는 실생활에서 틀리기 쉬운 사이시옷을 한자리에 모았어요.
자꾸만 헷갈리는 사이시옷 예문을 통해 재미있고 정확한 사이시옷을 익혀 보세요.

1 순우리말이 합해진 낱말에는 사이시옷을 써야 해요.

고깃배(○) 고기배(×)

(고기+배 / 고기빼, 고긷빼)

고기와 배가 합해진 낱말로, '고기빼'로 된소리가 나기 때문에 사이시옷을 씁니다.

따라서 써 볼까요?

갈	매	기		떼	가		고	깃	배	를
갈	매	기		떼	가		고	깃	배	를
따	라		날	고		있	어	요	.	
따	라		날	고		있	어	요	.	

(　　) 안의 틀린 낱말을 바르게 써 볼까요?

작은 (고기배)가 보여요.

문장에 맞게 띄어쓰기를 해 볼까요?

고깃배가항구로들어와요.

정답 : 고깃배가 항구로 들어와요.

나뭇잎(○) 나무잎(×)

나뭇잎(나무+잎 / 나문닙)

나무와 잎이 합해진 낱말로, 나무의 잎을 뜻합니다.
'나문닙'으로 ㄴ소리가 나기 때문에 사이시옷을 씁니다.

속담 : 나무 될 것은 떡잎 때부터 알아본다. → 잘 자랄 나무는 떡잎부터 안다는 뜻.

따라서 써 볼까요?

가을이 되어 나뭇잎에 ∨

가을이 되어 나뭇잎에

단풍이 들었어요.

단풍이 들었어요.

(　　) 안의 틀린 낱말을 바르게 써 볼까요?

(나무잎)을 주웠어요.

문장에 맞게 띄어쓰기를 해 볼까요?

떨어진나뭇잎을쓸었어요.

정답 : 떨어진 나뭇잎을 쓸었어요.

노랫말(○) 노래말(×)

노랫말(노래+말 / 노랜말)

노래와 말이 합해진 낱말로, 노래 가사를 뜻합니다.
'노랜말'로 ㄴ소리가 나기 때문에 사이시옷을 씁니다.

속담 : 듣기 좋은 꽃 노래도 한두 번이지. → 듣기 좋은 이야기도 늘 들으면 싫다는 뜻.

따라서 써 볼까요?

쉬	운		노	랫	말	은		부	르	기
쉬	운		노	랫	말	은		부	르	기
도		좋	고		잘		외	워	져	요.
도		좋	고		잘		외	워	져	요.

∨

(　　) 안의 틀린 낱말을 바르게 써 볼까요?

(노래말)이 아름다워요.

문장에 맞게 띄어쓰기를 해 볼까요?

고운노랫말을쓰고싶어요.

정답 : 고운 노랫말을 쓰고 싶어요.

막냇동생(○) 막내동생(×)

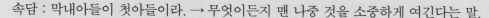

막냇동생(막내＋동생 / 망내똥생, 망낻똥생)

막내와 동생이 합해진 낱말로, 맨 끝의 동생을 뜻합니다.
'망내똥생'으로 거센소리가 나기 때문에 사이시옷을 씁니다.

속담 : 막내아들이 첫아들이라. → 무엇이든지 맨 나중 것을 소중하게 여긴다는 말.

따라서 써 볼까요?

우 리 막 냇 동 생 은 엇 그

우 리 막 냇 동 생 은 엇 그

제 첫 돌 을 지 났 어 요 .

제 첫 돌 을 지 났 어 요 .

(　　) 안의 틀린 낱말을 바르게 써 볼까요?

우리 (막내동생)은 두 살이에요.

문장에 맞게 띄어쓰기를 해 볼까요?

막냇동생은형을닮았어요.

정답 : 막냇동생은 형을 닮았어요.

먹잇감(○) 먹이감(×)

먹잇감(먹이+감 / 머기깜, 머긷깜)

먹이와 감이 합해진 낱말로, 짐승이나 물고기의 먹이가 되는 것들을 뜻합니다.
'머기깜'으로 된소리가 나기 때문에 사이시옷을 씁니다.

속담 : 소 먹이기 힘든데 괭이질을 어찌할까. → 일할 줄 모르는 사람을 비꼬는 말.

따라서 써 볼까요?

배고픈 사자가 먹잇감

배고픈 사자가 먹잇감

을 찾아 어슬렁거려요. ∨

을 찾아 어슬렁거려요.

( ) 안의 틀린 낱말을 바르게 써 볼까요?

잉어에게 (먹이감)을 던졌어요.

문장에 맞게 띄어쓰기를 해 볼까요?

좋은먹잇감을구했어요.

정답 : 좋은 먹잇감을 구했어요.

모깃불(○) 모기불(×)

모깃불(모기+불 / 모기뿔, 모긷뿔)

모기와 불이 합해진 낱말로, 모기를 쫓기 위해 쑥과 같은 풀을 태워 연기를 냅니다.
'모기뿔'로 된소리가 나기 때문에 사이시옷을 씁니다.

속담 : 모기도 모이면 천둥소리가 난다. → 약한 것도 모이면 큰 힘을 낼 수 있다는 말.

따라서 써 볼까요?

마당에 모깃불을 피우

고 멍석 위에 누워요. ∨

(　　) 안의 틀린 낱말을 바르게 써 볼까요?

(모기불)에서 연기가 나요.

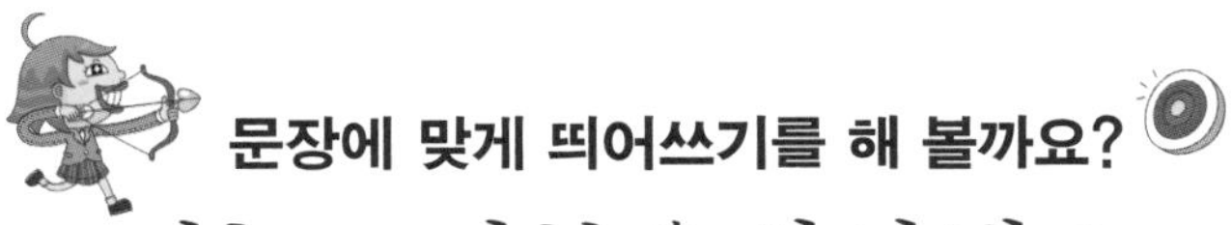

문장에 맞게 띄어쓰기를 해 볼까요?

모기는모깃불을싫어해요.

정답 : 모기는 모깃불을 싫어해요.

베갯잇(○) 베개잇(×)

베갯잇(베개+잇 / 베갠닏)

베개와 잇이 합해진 낱말로, 베개의 겉을 덧씌우는 헝겊을 뜻합니다.
'베갠닏'으로 ㄴ소리가 나기 때문에 사이시옷을 씁니다.

아침에 일어나 보니 베갯잇이 축축했어요. 베갯잇을 빨아야 해요.

따라서 써 볼까요?

엄	마	가		베	갯	잇	을		깨	끗
엄	마	가		베	갯	잇	을		깨	끗
이		빨	아	서		꿰	매	셨	어	요.
이		빨	아	서		꿰	매	셨	어	요.

∨

(　　) 안의 틀린 낱말을 바르게 써 볼까요?

(베개잇)이 더러워요.

문장에 맞게 띄어쓰기를 해 볼까요?

풀먹인베갯잇이빳빳해요.

정답 : 풀 먹인 베갯잇이 빳빳해요.

빗물(○) 비물(×)

빗물(비+물 / 빈물)

비와 물이 합해진 낱말로, 비가 와서 고이거나 흘러내린 물을 뜻합니다.
'빈물'로 ㄴ소리가 나기 때문에 사이시옷을 씁니다.

빗물이 유리창을 타고 흘러내려요. 빗물이 미끄럼 타는 것 같아요.

따라서 써 볼까요?

우	산		끝	에	서		빗	물	이	
우	산		끝	에	서		빗	물	이	
뚝	뚝		떨	어	지	고		있	어	요.
뚝	뚝		떨	어	지	고		있	어	요.

∨

(   ) 안의 틀린 낱말을 바르게 써 볼까요?

마당에 (비물)이 고였어요.

문장에 맞게 띄어쓰기를 해 볼까요?

흐르는빗물에발을씻어요.

정답 : 흐르는 빗물에 발을 씻어요.

순댓국(○) 순대국(×)

순댓국(순대+국 / 순대꾹, 순댄꾹)

순대와 국이 합해진 낱말로, 돼지고기나 뼈를 삶은 국물에 순대를 넣어 끓인 국을 뜻합니다. '순대꾹'으로 된소리가 나기 때문에 사이시옷을 씁니다.

아빠는 순댓국을 좋아해요. 나도 아빠 닮아서 순댓국을 좋아해요.

따라서 써 볼까요?

아 버 지 와 함 께 순 댓 국

아 버 지 와 함 께 순 댓 국

을 먹 으 러 갔 어 요 .

을 먹 으 러 갔 어 요 .

(　　) 안의 틀린 낱말을 바르게 써 볼까요?

(순대국)을 먹었어요.

문장에 맞게 띄어쓰기를 해 볼까요?

순댓국에파를넣었어요.

정답 : 순댓국에 파를 넣었어요.

시냇가(○) 시내가(×)

시냇가(시내+가 / 시내까, 시낻까)

시내와 가가 합해진 낱말로, 물이 흐르는 시내의 옆을 뜻합니다.
'시내까'로 된소리가 나기 때문에 사이시옷을 씁니다.

속담 : 시냇가 돌 닳듯. → 시련을 당하는 모양을 비유적으로 이르는 말.

따라서 써 볼까요?

마	을		앞		시	냇	가	에	는	
마	을		앞		시	냇	가	에	는	
버	드	나	무	가		참		많	아	요. ∨
버	드	나	무	가		참		많	아	요.

(　　) 안의 틀린 낱말을 바르게 써 볼까요?

(시내가)에서 놀았어요.

문장에 맞게 띄어쓰기를 해 볼까요?

시냇가에서물장난을쳤어요.

정답 : 시냇가에서 물장난을 쳤어요.

양칫물(○) 양치물(×)

양칫물(양치+물 / 양친물)

양치와 물이 합해진 낱말로, 이를 닦을 때 쓰는 물을 뜻합니다.
'양친물'로 ㄴ소리가 나기 때문에 사이시옷을 씁니다.

동생은 양칫물을 못 뱉고 항상 삼켜요. 나도 어려서는 양칫물을 삼켰다고 해요.

따라서 써 볼까요?

컵	에		양	칫	물	을		받	아	서
컵	에		양	칫	물	을		받	아	서
쓰	면		편	리	해	요	.			
쓰	면		편	리	해	요	.			

∨

(　　) 안의 틀린 낱말을 바르게 써 볼까요?

(양치물)로 입 안을 헹구었어요.

문장에 맞게 띄어쓰기를 해 볼까요?

양칫물을삼키고말았어요.

정답 : 양칫물을 삼키고 말았어요.

어젯밤(○) 어제밤(×)

어젯밤(어제 + 밤 / 어제빰, 어젠빰)

어제와 밤이 합해진 낱말로, 어제의 밤이라는 말입니다.
'어제빰'으로 된소리가 나기 때문에 사이시옷을 씁니다.

속담 : 어제 보던 손님. → 처음 만났는데도 친한 사이가 된 사람.

따라서 써 볼까요?

우리 소가 어젯밤에

우리 소가 어젯밤에

송아지를 낳았어요.

송아지를 낳았어요.

(　　) 안의 틀린 낱말을 바르게 써 볼까요?

(어제밤)에 비가 왔어요.

문장에 맞게 띄어쓰기를 해 볼까요?

어젯밤에왜그랬어?

정답 : 어젯밤에 왜 그랬어?

잇몸(○) 이몸(×)

잇몸(이+몸 / 인몸)

이와 몸이 합해진 말로, 이뿌리를 둘러싸고 있는 살을 뜻합니다.
'인몸'으로 ㄴ소리가 나기 때문에 사이시옷을 씁니다.

속담 : 이 없으면 잇몸으로 산다. → 없으면 없는 대로 그럭저럭 살 수 있다는 뜻.

따라서 써 볼까요?

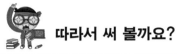

이	가		나	려	고		잇	몸	이	
이	가		나	려	고		잇	몸	이	
근	질	근	질	해	요	.				
근	질	근	질	해	요	.				

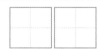

(　　) 안의 틀린 낱말을 바르게 써 볼까요?

갑자기 (이몸)이 아파요.

문장에 맞게 띄어쓰기를 해 볼까요?

활짝웃으면잇몸이보여요.

정답 : 활짝 웃으면 잇몸이 보여요.

장맛비(○) 장마비(×)

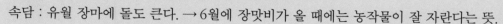

장맛비(장마+비 / 장마삐, 장맏삐)

장마와 비가 합해진 말로, 장마 때 내리는 비를 뜻합니다.
'장마삐'로 된소리가 나기 때문에 사이시옷을 씁니다.

속담 : 유월 장마에 돌도 큰다. → 6월에 장맛비가 올 때에는 농작물이 잘 자란다는 뜻.

따라서 써 볼까요?

열흘 넘게 내린 장맛
열흘 넘게 내린 장맛

비로 홍수가 났어요.
비로 홍수가 났어요.

(　　) 안의 틀린 낱말을 바르게 써 볼까요?

(장마비)에 옷이 젖었어요.

문장에 맞게 띄어쓰기를 해 볼까요?

장맛비가그쳤으면좋겠어요.

정답 : 장맛비가 그쳤으면 좋겠어요.

조갯살(○) 조개살(×)

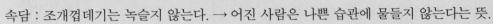

조갯살(조개＋살 / 조개쌀, 조갠쌀)

조개와 살이 합해진 말로, 조개의 살을 뜻합니다.
'조개쌀'로 된소리가 나기 때문에 사이시옷을 씁니다.

속담 : 조개껍데기는 녹슬지 않는다. → 어진 사람은 나쁜 습관에 물들지 않는다는 뜻.

따라서 써 볼까요?

조갯살 넣은 칼국수는 ∨

맛있어요.

(　　) 안의 틀린 낱말을 바르게 써 볼까요?

싱싱한 (조개살)을 넣었어요.

문장에 맞게 띄어쓰기를 해 볼까요?

말린조갯살을물에불려요.

정답 : 말린 조갯살을 물에 불려요.

촛불(○) 초불(×)

촛불(초+불 / 초뿔, 촌뿔)

초와 불이 합해진 낱말로, 초에 켠 불을 뜻합니다.
'초뿔'로 된소리가 나기 때문에 사이시옷을 씁니다.

속담 : 바람받이에 선 촛불 → 언제 꺼질지 모르는 바람 앞의 촛불이란 뜻.

따라서 써 볼까요?

할 아 버 지 제 사 상 에 촛

할 아 버 지 제 사 상 에 촛

불 을 켰 어 요 .

불 을 켰 어 요 .

(　　) 안의 틀린 낱말을 바르게 써 볼까요?

바람에 (초불)이 꺼졌어요.

문장에 맞게 띄어쓰기를 해 볼까요?

어두워서촛불을켰어요.

정답 : 어두워서 촛불을 켰어요.

콧등(○) 코등(×)

콧등(코+등 / 코뜽, 콛뜽)

코와 등이 합해진 낱말로, 코의 등성이를 뜻합니다.
'코뜽'으로 된소리가 나기 때문에 사이시옷을 씁니다.

속담 : 사나운 개 콧등 아물 날 없다. → 사나우면 잦은 싸움으로 늘 상처가 있다는 뜻.

따라서 써 볼까요?

친 구 와 　 부 딪 쳐 서 　 콧 등

에 　 멍 이 　 들 었 어 요 .

(　　) 안의 틀린 낱말을 바르게 써 볼까요?

슬퍼서 (코등)이 찡했어요.

문장에 맞게 띄어쓰기를 해 볼까요?

콧등에땀방울이맺혔어요.

정답 : 콧등에 땀방울이 맺혔어요.

햇볕(○) 해볕(×)

햇볕(해+볕 / 해뼏, 핻뼏)

해와 볕이 합해진 말로, 해가 내리쬐는 기운을 뜻합니다.
'해뼏'으로 된소리가 나기 때문에 사이시옷을 씁니다.

속담 : 구 년 홍수에 햇볕 기다리듯. → 뭔가를 간절하게 기다린다는 뜻.

따라서 써 볼까요?

쨍	쨍	한		햇	볕	에		온	몸	이	∨
쨍	쨍	한		햇	볕	에		온	몸	이	
시	커	멓	게		탔	어	요	.			
시	커	멓	게		탔	어	요	.			

(　　) 안의 틀린 낱말을 바르게 써 볼까요?

따뜻한 (해볕)을 쬐었어요.

문장에 맞게 띄어쓰기를 해 볼까요?

햇볕이몹시따가워요.

정답 : 햇볕이 몹시 따가워요.

낱말 퀴즈 박사 되기

1

아래 글을 읽고, 맞는 단어에 ○해 볼까요?

1. 수평선 너머로 (고기배 / 고깃배)가 사라졌어요.
2. 바람이 (나무잎 / 나뭇잎)을 흔들고 가요.
3. 누나는 (막냇동생 / 막내동생)을 귀여워해요.
4. 독수리가 (먹이감 / 먹잇감)을 잽싸게 챘어요.
5. (빗물 / 비물)에 씻겨 자동차가 깨끗해졌어요.
6. 내 (베개잇 / 베갯잇)은 분홍색이에요.
7. 구수한 (순대국 / 순댓국)에 밥을 말았어요.
8. 10분을 걸어야 (시냇가 / 시내가)에 닿아요.
9. (어제밤 / 어젯밤) 꿈에 할아버지를 보았어요.
10. 충치 때문에 (이몸 / 잇몸)이 빨갛게 부었어요.

정답

1 1. 고깃배 2. 나뭇잎 3. 막냇동생 4. 먹잇감 5. 빗물 6. 베갯잇 7. 순댓국 8. 시냇가 9. 어젯밤 10. 잇몸

2 1. 막냇동생 2. 베갯잇 3. 나뭇잎 4. 잇몸

3 1. 막냇동생 2. 시냇가 3. 모깃불 4. 어젯밤 5. 고깃배

2

낱말을 찾아 어린이 시를 완성해 볼까요?

- 잇몸
- 나뭇잎
- 베갯잇
- 막냇동생

제목 : 막냇동생

(　　　　)한테는 뭐든지 먹잇감이 돼
장난감을 쥐면 먼저 맛을 보고
누워서는 (　　　　)을 맛보고
앉아서는 입은 옷을 맛보고
지저분한 내 손도 맛보고
커다란 아빠 손도 맛보고
어제는 화분의 (　　　　)을 맛보다
엄마한테 딱 걸렸어
엄마는 (　　　　)이 가려워서 그런다지만
이러다 우리 집에는
남아나는 것이 한 가지도 없을 것 같아

3

끝말잇기에 맞는 낱말을 찾아볼까요?

- 어젯밤
- 시냇가
- 고깃배
- 막냇동생
- 모깃불

1. (　　　　) ▸▸ 생강 ▸▸ 강물 ▸▸ 물건
2. (　　　　) ▸▸ 가구 ▸▸ 구경 ▸▸ 경찰
3. (　　　　) ▸▸ 불조심 ▸▸ 심장 ▸▸ 장난
4. 상어 ▸▸ (　　　　) ▸▸ 밤송이 ▸▸ 이별
5. 방패연 ▸▸ 연고 ▸▸ (　　　　) ▸▸ 배탈

2 순우리말과 한자어가 합해진 낱말에는 사이시옷을 써야 해요.

공깃밥(○) 공기밥(×) (공기+밥 / 공기빱, 공긷빱)

한자어 공기와 순우리말 밥이 합해진 낱말로, 공기에 담은 밥을 뜻합니다.
'공기빱'으로 된소리가 나기 때문에 사이시옷을 씁니다.

따라서 써 볼까요?

배가 고파서 공깃밥을 ∨

배가 고파서 공깃밥을

두 그릇 먹었어요.

두 그릇 먹었어요.

( ) 안의 틀린 낱말을 바르게 써 볼까요?

(공기밥)을 먹었어요

문장에 맞게 띄어쓰기를 해 볼까요?

공깃밥하나를더시켰어요.

정답 : 공깃밥 하나를 더 시켰어요.

공붓벌레(○) 공부벌레(×)

공붓벌레(공부+벌레 / 공부뻘레, 공붇뻘레)

한자어 공부와 순우리말 벌레가 합해진 낱말로, 공부만 파고드는 사람을 뜻합니다.
'공부뻘레'로 된소리가 나기 때문에 사이시옷을 씁니다.

속담 : 공부는 늙어 죽을 때까지 해도 다 못한다.

따라서 써 볼까요?

우리 형은 소문난 공붓벌레예요.

(　　) 안의 틀린 낱말을 바르게 써 볼까요?

(공부벌레)는 싫어요.

문장에 맞게 띄어쓰기를 해 볼까요?

공붓벌레가좋을까?

정답 : 공붓벌레가 좋을까?

기왓장(○) 기와장(×)

기왓장(기와+장 / 기와짱, 기왇짱)

한자어 기와와 순우리말 장이 합해진 낱말로, 기와의 한 장 한 장을 뜻합니다.
'기와짱'으로 된소리가 나기 때문에 사이시옷을 씁니다.

속담 : 대들보 썩는 줄 모르고 기왓장 아끼듯. → 큰 것 대신 사소한 것을 아낀다는 뜻.

따라서 써 볼까요?

오래된 기왓장에 누런 ∨
오래된 기왓장에 누런

이끼가 앉았어요.
이끼가 앉았어요.

(　　) 안의 틀린 낱말을 바르게 써 볼까요?

깨진 (기와장)이 많아요.

문장에 맞게 띄어쓰기를 해 볼까요?

지붕에기왓장을얹었어요.

정답 : 지붕에 기왓장을 얹었어요.

깃발(○) 기발(×)

깃발(기+발 / 기빨, 긷빨)

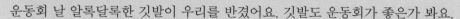

한자어 기와 순우리말 발이 합해진 낱말로, 깃대에 달린 천이나 종이를 뜻합니다. '기빨'이라고 된소리가 나기 때문에 사이시옷을 씁니다.

운동회 날 알록달록한 깃발이 우리를 반겼어요. 깃발도 운동회가 좋은가 봐요.

따라서 써 볼까요?

오색 깃발이 요란하게 ∨

오색 깃발이 요란하게

펄럭거려요.

펄럭거려요.

(　　) 안의 틀린 낱말을 바르게 써 볼까요?

(기발)을 들고 행진해요.

문장에 맞게 띄어쓰기를 해 볼까요?

바람에깃발이찢어졌어요.

정답 : 바람에 깃발이 찢어졌어요.

등굣길(○) 등교길(×)

등굣길(등교+길 / 등교낄, 등굗길)

한자어 등교와 순우리말 길이 합해진 낱말로, 학생이 학교에 가는 길을 뜻합니다.
'등교낄'로 된소리가 나기 때문에 사이시옷을 써야 합니다.

등굣길에 짝꿍을 만났어요. 등굣길에서 만나는 친구는 왜 더 반가울까요?

따라서 써 볼까요?

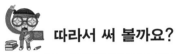

친	구	와		함	께	하	는		등	굣
친	구	와		함	께	하	는		등	굣
길	은		즐	거	워	요	.			
길	은		즐	거	워	요	.			

( ) 안의 틀린 낱말을 바르게 써 볼까요?

(등교길)은 즐거워요.

문장에 맞게 띄어쓰기를 해 볼까요?

등굣길보다하굣길이좋아요.

정답 : 등굣길보다 하굣길이 좋아요.

만둣국(○) 만두국(×)

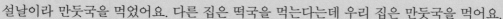

만둣국(만두+국 / 만두꾹, 만둗꾹)

한자어 만두와 순우리말 국이 합해진 낱말로, 만두를 넣어 끓인 국을 뜻합니다.
'만두꾹'이라고 된소리가 나기 때문에 사이시옷을 써야 합니다.

설날이라 만둣국을 먹었어요. 다른 집은 떡국을 먹는다는데 우리 집은 만둣국을 먹어요.

따라서 써 볼까요?

설날 아침에는 만둣국

설날 아침에는 만둣국

을 먹어요.

을 먹어요.

(　　) 안의 틀린 낱말을 바르게 써 볼까요?

(만두국)보다 떡국이 좋아요.

문장에 맞게 띄어쓰기를 해 볼까요?

후후불며만둣국을먹어요.

정답 : 후후 불며 만둣국을 먹어요.

뱃사공(○) 배사공(×)

뱃사공(배+사공 / 배싸공, 뱁싸공)

순우리말 배와 한자어 사공이 합해진 말로, 배를 부리는 일을 하는 사람을 뜻합니다.
'배싸공'이라고 된소리가 나기 때문에 사이시옷을 써야 합니다.

속담 : 뱃사공이 닻줄 감듯. → 말이나 행동을 휘휘 잘 감는 사람이라는 뜻.

따라서 써 볼까요?

노	를		저	어		배	를		부	리
노	를		저	어		배	를		부	리
는		뱃	사	공	이		있	었	어	요.
는		뱃	사	공	이		있	었	어	요.

(   ) 안의 틀린 낱말을 바르게 써 볼까요?

배를 부리는 (배사공)을 봤어요.

문장에 맞게 띄어쓰기를 해 볼까요?

선장과뱃사공은달라요.

정답 : 선장과 뱃사공은 달라요.

세숫대야(○) 세수대야(×)

세숫대야(세수+대야 / 세수때야, 세숟때야)

한자어 세수와 순우리말 대야가 합해진 낱말로, 세수를 할 때 쓰는 그릇을 뜻합니다. '세수때야'라고 된소리가 나기 때문에 사이시옷을 써야 합니다.

속담 : 고양이 세수하듯. → 하나 마나 한 행동을 나무라는 뜻.

따라서 써 볼까요?

세숫대야 가득 따뜻한 ∨

세숫대야 가득 따뜻한

물을 받았어요.

물을 받았어요.

( ) 안의 틀린 낱말을 바르게 써 볼까요?

(세수대야)에서 물이 새요.

문장에 맞게 띄어쓰기를 해 볼까요?

무거운세숫대야는불편해요.

정답 : 무거운 세숫대야는 불편해요.

시곗바늘(○) 시계바늘(×)

시곗바늘(시계＋바늘 / 시계빠늘, 시겟빠늘)

한자어 시계와 순우리말 바늘이 합해진 낱말로, 시계의 초침과 분침, 시침을 뜻합니다. '시계빠늘'로 된소리가 나기 때문에 사이시옷을 써야 합니다.

시곗바늘이 열두 시를 가리켜요. 내 뱃속의 시곗바늘도 정확하게 울렸고요.

따라서 써 볼까요?

가 장 길 고 빠 른 시 곗

가 장 길 고 빠 른 시 곗

바 늘 은 초 침 이 에 요.

바 늘 은 초 침 이 에 요.

(　　) 안의 틀린 낱말을 바르게 써 볼까요?

(시계바늘)은 참 부지런해요.

문장에 맞게 띄어쓰기를 해 볼까요?

시곗바늘은쉬지않고일해.

정답 : 시곗바늘은 쉬지 않고 일해.

아랫방(○) 아래방(×)

아랫방(아래＋방 / 아래빵, 아랟빵)

순우리말 아래와 한자어 방이 합해진 낱말로, 이어져 있는 두 방의 아래쪽 방을 뜻합니다. '아래빵'이라고 된소리가 나기 때문에 사이시옷을 써야 합니다.

속담 : 방바닥에서도 넘어져 다친다. → 안전하다고 믿었어도 실패할 수 있다는 뜻.

따라서 써 볼까요?

윗방은 형이 쓰고 아

윗방은 형이 쓰고 아

랫방은 누나가 써요.

랫방은 누나가 써요.

(　　) 안의 틀린 낱말을 바르게 써 볼까요?

동생하고 (아래방)에서 놀았어요.

문장에 맞게 띄어쓰기를 해 볼까요?

아랫방은따뜻하고아늑해요.

정답 : 아랫방은 따뜻하고 아늑해요.

제삿날(○) 제사날(×)

제삿날(제사+날 / 제산날)

한자어 제사와 순우리말 날이 합해진 낱말로, 제사를 지내는 날을 뜻합니다.
'제산날'로 ㄴ소리가 나기 때문에 사이시옷을 써야 합니다.

속담 : 남의 제삿날도 우기겠다. → 남의 말을 안 듣고 자기 말만 우긴다는 뜻.

따라서 써 볼까요?

할아버지 제삿날이면

할아버지 제삿날이면

가족들이 모여요.

가족들이 모여요.

( ) 안의 틀린 낱말을 바르게 써 볼까요?

(제사날) 큰댁에 갔어요.

문장에 맞게 띄어쓰기를 해 볼까요?

제삿날은조용하게지내요.

정답 : 제삿날은 조용하게 지내요.

존댓말(○) 존대말(×)

존댓말(존대+말 / 존댄말)

한자어 존대와 순우리말 말이 합해진 낱말로, 높임말을 뜻합니다.
'존댄말'로 ㄴ소리가 나기 때문에 사이시옷을 써야 합니다.

속담 : 존대하고 뺨 맞지 않는다. → 누구에게나 정중하게 대하라는 뜻.

따라서 써 볼까요?

어 른 에 게 는 　 존 댓 말 을

어 른 에 게 는 　 존 댓 말 을

써 야 　 해 요.

써 야 　 해 요.

(　　) 안의 틀린 낱말을 바르게 써 볼까요?

동생이 (존대말)을 했어요.

문장에 맞게 띄어쓰기를 해 볼까요?

존댓말을쓰면듣기좋아요.

정답 : 존댓말을 쓰면 듣기 좋아요.

죗값(○) 죄값(×)

죗값(죄+값 / 죄깝, 죋깝)

한자어 죄와 순우리말 값이 합해진 말로, 지은 죄에 대해 치르는 대가를 뜻합니다.
'죄깝'으로 된소리가 나기 때문에 사이시옷을 써야 합니다.

속담 : 열 골 물이 한 골로 모인다. → 여럿이 지은 죗값을 한 사람이 받는다는 뜻.

따라서 써 볼까요?

잘못했으면 누구나 죗값을 치러야 해요.

잘못했으면 누구나 죗값을 치러야 해요.

(　　) 안의 틀린 낱말을 바르게 써 볼까요?

잘못을 하면 (죄값)을 받아요.

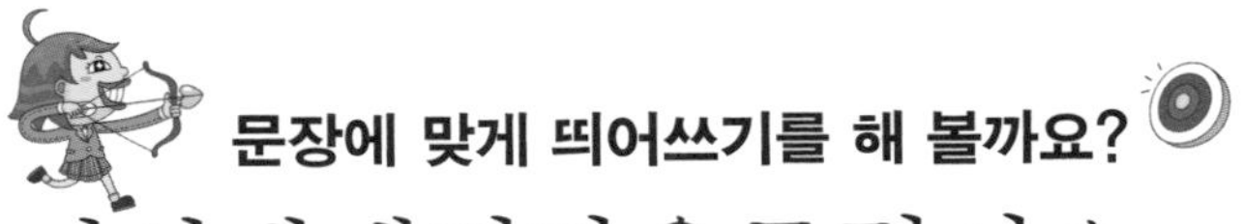

문장에 맞게 띄어쓰기를 해 볼까요?

죄인에게죗값을물렸어요.

정답 : 죄인에게 죗값을 물렸어요.

찻잔(○) 차잔(×)

찻잔(차+잔 / 차짠, 찯짠)

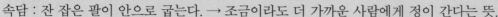

순우리말 차와 한자어 잔이 합해진 낱말로, 차를 담는 잔을 뜻합니다.
'차짠'이라고 된소리가 나기 때문에 사이시옷을 써야 합니다.

속담 : 잔 잡은 팔이 안으로 굽는다. → 조금이라도 더 가까운 사람에게 정이 간다는 뜻.

따라서 써 볼까요?

하 얀 찻 잔 에 예 쁜 꽃

하 얀 찻 잔 에 예 쁜 꽃

이 그 려 져 있 어 요 .

이 그 려 져 있 어 요 .

(　　) 안의 틀린 낱말을 바르게 써 볼까요?

뜨거운 (차잔)을 엎었어요.

문장에 맞게 띄어쓰기를 해 볼까요?

뜨거운차를찻잔에따라요.

정답 : 뜨거운 차를 찻잔에 따라요.

촛대(○) 초대(×)

촛대(초+대 / 초때, 촏때)

순우리말 초와 한자어 대가 합해진 낱말로, 초를 꽂는 기구를 뜻합니다.
'초때'로 된소리가 나기 때문에 사이시옷을 써야 합니다.

속담 : 논밭은 다 팔아도 향로 촛대는 지닌다. → 망해도 집안의 중요한 물건은 남김.

따라서 써 볼까요?

장	발	장	은		은	촛	대	를		훔
장	발	장	은		은	촛	대	를		훔
치	고		감	옥	에		갔	어	요	.
치	고		감	옥	에		갔	어	요	.

(　　) 안의 틀린 낱말을 바르게 써 볼까요?

(초대)에 초를 꽂았어요.

문장에 맞게 띄어쓰기를 해 볼까요?

촛대에쌓인먼지를닦아요.

정답 : 촛대에 쌓인 먼지를 닦아요.

텃세(○) 터세(×)

텃세(터+세 / 터쎄, 턷쎄)

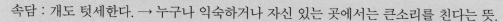

우리말 터와 한자어 세가 합해진 낱말로, 터를 빌려 쓰고 내는 세, 또는 뒷사람을 업신여기는 행동을 뜻합니다.

속담 : 개도 텃세한다. → 누구나 익숙하거나 자신 있는 곳에서는 큰소리를 친다는 뜻.

따라서 써 볼까요?

장 사 가 잘 되 는 곳 은 ∨

장 사 가 잘 되 는 곳 은

텃 세 가 비 싸 요 .

텃 세 가 비 싸 요 .

(　　) 안의 틀린 낱말을 바르게 써 볼까요?

(터세) 부리지 마!

문장에 맞게 띄어쓰기를 해 볼까요? 

동생텃세가심해요.

정답 : 동생 텃세가 심해요.

낱말 퀴즈 박사 되기

1

아래 글을 읽고, 맞는 단어에 ○해 볼까요?

1. 라면에 (공기밥 / 공깃밥) 하나를 말아 먹었어요.
2. 주먹으로 (기왓장 / 기와장)을 깨뜨렸어요.
3. 선수들이 우승 (깃발 / 기발)을 흔들며 기뻐했어요.
4. (등굣길 / 등교길)에 선생님을 만났어요.
5. 강 건너에 있는 (배사공 / 뱃사공)을 불렀어요.
6. (세수대야 / 세숫대야)에 빨래가 가득 담겼어요.
7. 깜깜한 (아랫방 / 아래방)에 숨어 있었어요.
8. (제사날 / 제삿날)이 되니 할아버지 생각이 나요.
9. 아기가 (존대말 / 존댓말)을 쓰는 게 귀여워요.
10. 엄마가 아끼는 (찻잔 / 차잔)을 깨뜨렸어요.

정답

1 1. 공깃밥 2. 기왓장 3. 깃발 4. 등굣길 5. 뱃사공 6. 세숫대야 7. 아랫방 8. 제삿날 9. 존댓말 10. 찻잔

2 1. 공깃밥 2. 만둣국 3. 제삿날 4. 촛대

3 1. 공깃밥 2. 등굣길 3. 뱃사공 4. 깃발 5. 기왓장

2

낱말을 찾아 어린이 시를 완성해 볼까요?

- 만둣국
- 공깃밥
- 촛대
- 제삿날

제목 : 할머니

할머니는 우리 가족만 보면 (　　　　)부터 푼다
"밥 먹어야 힘이 나지."
할머니는 밥만 먹으면 천하장사가 되는 줄 안다
"만두를 듬뿍 넣은 (　　　　) 먹고 싶어요."
내가 말해도
"밥 먹어야 힘이 난다니까."
엊그제는 할아버지 (　　　　)인데
"영감, 밥 많이 먹어야 힘이 나요."
김이 모락모락 나는 밥그릇을
(　　　　) 옆에 놓았다
할머니는 할아버지가
하늘나라에서도 천하장사였으면 좋겠나 보다

3

끝말잇기에 맞는 낱말을 찾아볼까요?

- 기왓장
- 공깃밥
- 깃발
- 등굣길
- 뱃사공

1. 인공위성 ▸▸ 성공 ▸▸ (　　　　) ▸▸ 밥그릇
2. 겸손 ▸▸ 손등 ▸▸ (　　　　) ▸▸ 길거리
3. (　　　　) ▸▸ 공사판 ▸▸ 판잣집 ▸▸ 집토끼
4. (　　　　) ▸▸ 발등 ▸▸ 등산 ▸▸ 산수
5. 축구공 ▸▸ 공기 ▸▸ (　　　　) ▸▸ 장난

3 한자어와 한자어 사이에 쓸 수 있는 사이시옷이 있어요.

셋방(○) 세방(×)

셋방(세 + 방 / 세빵, 셉빵)

세를 내고 빌려 쓰는 방을 뜻합니다.

따라서 써 볼까요?

엄마 아빠는 셋방살이

엄마 아빠는 셋방살이

부터 시작하셨대요.

부터 시작하셨대요.

( ) 안의 틀린 낱말을 바르게 써 볼까요?

작은 (세방)이 복잡해요.

한자어와 한자어가 합해졌을 때는 사이시옷을 쓸 수 없지만 '곳간 / 셋방 / 숫자 / 찻간 / 툇간 / 횟수' 등 두 음절로 된 이 여섯 가지 낱말에만 사이시옷을 쓸 수 있습니다.

숫자(○) 수자(×)

숫자(수+자 / 수짜, 숟짜)

1, 2, 3··· 등 수를 나타내는 글자를 뜻합니다.

숫자 세기를 잘해야 산수를 잘한다고 해요. 그럼 동생은 산수 잘하기는 틀렸어요. 동생은 숫자를 세려면 손발을 다 쓰면서도 틀리거든요.

따라서 써 볼까요?

가장 좋아하는 숫자를 ∨

가장 좋아하는 숫자를

골라 보세요.

골라 보세요.

(　　) 안의 틀린 낱말을 바르게 써 볼까요?

동생은 (수자)를 몰라요.

문장에 맞게 띄어쓰기를 해 볼까요?

손가락으로숫자를셌어요.

정답 : 손가락으로 숫자를 셌어요.

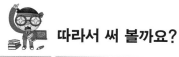

찻간(○) 차간(×)

찻간(차+간 / 차깐, 찰깐)

기차나 버스 등에서 사람이 타는 칸을 뜻합니다.

우리 아빠는 학교 다닐 때 콩나물시루 같은 찻간에서 고생했대요.
얼마나 찻간에 사람이 많으면 콩나물시루 같을까요?

따라서 써 볼까요?

주말에는 등산객들로

찻간이 복잡해요.

( ) 안의 틀린 낱말을 바르게 써 볼까요?

복잡한 (차간)은 싫어!

문장에 맞게 띄어쓰기를 해 볼까요?

첫번째찻간에탔어요.

정답 : 첫 번째 찻간에 탔어요.

횟수(○) 회수(×)

횟수(회+수 / 회쑤, 휃쑤)

돌아오는 차례의 수효를 뜻합니다.

돌이 지난 동생이 이유식을 먹는 횟수가 늘었어요.
이유식 횟수가 늘어난 동생을 보니 대견했어요.

따라서 써 볼까요?

달	리	는		횟	수	를		거	듭	할
달	리	는		횟	수	를		거	듭	할
수	록		속	도	가		빨	라	져	요. ∨
수	록		속	도	가		빨	라	져	요.

(　　) 안의 틀린 낱말을 바르게 써 볼까요?

화를 내는 (회수)가 늘었어요.

문장에 맞게 띄어쓰기를 해 볼까요?

만나는횟수를줄여야해요.

정답 : 만나는 횟수를 줄여야 해요.

4 뒤에 오는 글자가 된소리(ㄲ, ㄸ, ㅃ, ㅆ, ㅉ)일 때는 사이시옷을 쓸 수 없어요.

깨꽃(○) 깻꽃(×)

순우리말 깨와 꽃이 합해진 낱말이지만,
뒤에 오는 꽃에 된소리 ㄲ이 있기 때문에 사이시옷을 쓰지 못합니다.

따라서 써 볼까요?

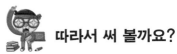

들	깨	도		참	깨	도		모	두	
들	깨	도		참	깨	도		모	두	
깨	꽃	이		피	어	요	.			
깨	꽃	이		피	어	요	.			

(　　) 안의 틀린 낱말을 바르게 써 볼까요?

(깻꽃)은 향기가 좋아요.

문장에 맞게 띄어쓰기를 해 볼까요?

샐비어를깨꽃이라고불러요.

정답 : 샐비어를 깨꽃이라고 불러요.

허리띠(○) 허릿띠(×)

순우리말 허리와 띠가 합해진 낱말이지만,
허리 뒤에 오는 띠에 된소리 ㄸ이 있기 때문에 사이시옷을 쓰지 못합니다.

생일 선물로 허리띠를 받았어요.
청바지에 하면 딱 좋을 것 같은 파란색 허리띠예요.

따라서 써 볼까요?

가죽으로 만든 허리띠

가죽으로 만든 허리띠

가 튼튼했어요.

가 튼튼했어요.

( ) 안의 틀린 낱말을 바르게 써 볼까요?

(허릿띠)를 매야 멋있어요.

문장에 맞게 띄어쓰기를 해 볼까요? 

허리띠에구멍을뚫었어요.

정답 : 허리띠에 구멍을 뚫었어요.

해쑥(○) 햇쑥(×)

순우리말 해와 쑥이 합해진 낱말이지만,
해 뒤에 오는 쑥에 된소리 ㅆ이 있기 때문에 사이시옷을 쓰지 못합니다.

속담 : 삼발의 쑥대. → 쑥도 삼발에서 자라면 삼대처럼 곧아진다는 뜻으로 좋은 환경에서 자라면 좋은 영향을 받는다는 말.

따라서 써 볼까요?

양지쪽에 해쑥이 뾰족

양지쪽에 해쑥이 뾰족

뾰족 돋아났어요.

뾰족 돋아났어요.

( ) 안의 틀린 낱말을 바르게 써 볼까요?

(햇쑥) 냄새가 향긋해요.

문장에 맞게 띄어쓰기를 해 볼까요?

해쑥으로쑥국을끓였어요.

정답 : 해쑥으로 쑥국을 끓였어요.

위쪽(○) 윗쪽(×)

순우리말 위와 쪽이 합해진 낱말이지만,
위 뒤에 오는 쪽에 된소리 ㅉ이 있기 때문에 사이시옷을 쓰지 못합니다.

산 위쪽으로 올라갈수록 사람이 없었어요.
나도 산 위쪽까지 올라온 것은 오늘이 처음이에요.

따라서 써 볼까요?

산 위쪽으로 올라가면 ∨

산 위쪽으로 올라가면

큰 바위가 나와요.

큰 바위가 나와요.

( ) 안의 틀린 낱말을 바르게 써 볼까요?

(윗쪽)으로 가야 해요.

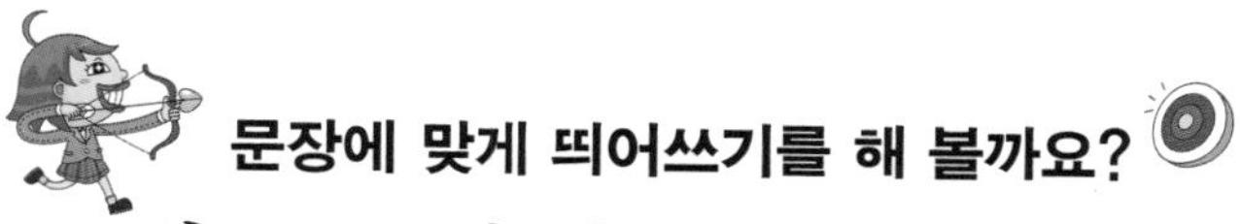

문장에 맞게 띄어쓰기를 해 볼까요?

고개를돌려위쪽을보세요.

정답 : 고개를 돌려 위쪽을 보세요.

5 뒤에 오는 글자가 거센소리(ㅊ, ㅋ, ㅌ, ㅍ)일 때는 사이시옷을 쓸 수 없어요.

아래층(○) 아랫층(×)

순우리말 아래와 한자어 층이 합해진 낱말이지만,
뒤에 오는 층이 ㅊ으로 거센소리가 나기 때문에 사이시옷을 쓰지 못합니다.

따라서 써 볼까요?

건 물 의 아 래 층 에 어 린

건 물 의 아 래 층 에 어 린

이 집 이 있 어 요.

이 집 이 있 어 요.

(   ) 안의 틀린 낱말을 바르게 써 볼까요?

(아랫층)은 시끄러워요.

문장에 맞게 띄어쓰기를 해 볼까요?

아래층에서강아지가짖어요.

정답 : 아래층에서 강아지가 짖어요.

해콩(○) 햇콩(×)

순우리말 해와 콩이 합해진 낱말이지만,
해 뒤에 오는 콩이 ㅋ으로 거센소리가 나기 때문에 사이시옷을 쓰지 못합니다.

추석이 가까워지면 할머니는 밭에 나가 해콩을 따요.
해콩으로 송편을 빚어서 조상님께 차례를 지내려고요.

따라서 써 볼까요?

금	방		딴		해	콩	을		넣	어
금	방		딴		해	콩	을		넣	어
서		송	편	을		빚	었	어	요	.
서		송	편	을		빚	었	어	요	.

(　　) 안의 틀린 낱말을 바르게 써 볼까요?

동생과 (햇콩)을 깠어요.

문장에 맞게 띄어쓰기를 해 볼까요?

올해거둔해콩이야.

정답 : 올해 거둔 해콩이야.

코털(○) 콧털(×)

순우리말 코와 털이 합해진 낱말이지만,
코 뒤에 오는 털이 ㅌ으로 거센소리가 나기 때문에 사이시옷을 쓰지 못합니다.

아빠는 아침마다 코털을 잘라요.
아빠가 입을 벌리고 코털을 자르는 모습을 보면 나도 덩달아 입을 벌려요.

따라서 써 볼까요?

삐죽 나온 코털이 지

삐죽 나온 코털이 지

저분해 보여요.

저분해 보여요.

( ) 안의 틀린 낱말을 바르게 써 볼까요?

형이 (콧털)을 잘랐어요.

문장에 맞게 띄어쓰기를 해 볼까요?

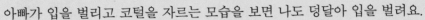

코털이먼지를걸러준대요.

정답 : 코털이 먼지를 걸러 준대요.

개펄(○) 갯펄(×)

순우리말 개와 펄이 합해진 낱말이지만,
개 뒤에 오는 펄이 ㅍ으로 거센소리가 나기 때문에 사이시옷을 쓰지 못합니다.

우리 가족은 하루 종일 개펄에서 조개를 주웠어요.
개펄을 한참 돌아다니다 보니 우리 가족이 꽃게 같다는 생각이 들었어요.

따라서 써 볼까요?

썰물이 되면 너른 개
펄이 나타나요.

(　　) 안의 틀린 낱말을 바르게 써 볼까요?

(갯펄)에서 조개를 캤어요.

문장에 맞게 띄어쓰기를 해 볼까요?

개펄에서는걷기도힘들어요.

정답 : 개펄에서는 걷기도 힘들어요.

6 한자어와 한자어 사이에서 쓸 수 없는 사이시옷이 있어요.

개수(○) 갯수(×)

한 개씩 낱으로 셀 수 있는 물건의 수효를 뜻합니다. '개쑤'라고 읽습니다.

따라서 써 볼까요?

잘		익	은		사	과	의		개	수
잘		익	은		사	과	의		개	수
는		모	두		열		개	예	요	.
는		모	두		열		개	예	요	.

(　　) 안의 틀린 낱말을 바르게 써 볼까요?

천천히 (갯수)를 세고 있어요.

문장에 맞게 띄어쓰기를 해 볼까요?

개수를세다잊고말았어요.

정답 : 개수를 세다 잊고 말았어요.

대가(○) 댓가(×)

일을 하고 거기에 대한 값으로 받는 보수,
또는 어떤 결과를 얻기 위한 노력이나 희생을 뜻합니다. '대까'라고 읽습니다.

엄마가 한 달 용돈으로 만 원을 주었어요. 그동안 고생한 노력의 대가예요.
아침마다 아빠 구두를 닦았는데 그 대가를 받아서 기분이 좋았어요.

따라서 써 볼까요?

비 밀 을 지 키 는 대 가 로 ∨

비 밀 을 지 키 는 대 가 로

인 형 을 받 았 어 요 .

인 형 을 받 았 어 요 .

(　　) 안의 틀린 낱말을 바르게 써 볼까요?

큰 (댓가)를 치렀어요.

문장에 맞게 띄어쓰기를 해 볼까요?

노력의대가를받았어요.

정답 : 노력의 대가를 받았어요.

초점(○) 촛점(×)

사람들의 관심이 모아지는 중심 부분, 또는 사진을 찍을 때 대상이 가장 똑똑하게 나타나게 되는 점을 뜻합니다. '초쩜'이라고 읽습니다.

엄마는 나한테 눈의 초점이 흐리다고 말해요.
초점이 흐려서 공부에 관심이 없다고요.

따라서 써 볼까요?

사진을 찍으려면 초점

사진을 찍으려면 초점

을 잘 맞춰야 해요.

을 잘 맞춰야 해요.

(　　) 안의 틀린 낱말을 바르게 써 볼까요?

(촛점)이 없는 눈은 바보 같아요.

문장에 맞게 띄어쓰기를 해 볼까요?

눈이초점을잃었어요.

정답 : 눈이 초점을 잃었어요.

치과(○) 칫과(×)

이와 잇몸, 입안의 병을 치료하는 병원을 뜻합니다.
'치꽈'라고 읽습니다.

며칠 전부터 이가 아파서 치과에 갔어요.
치과에 가면 이 아픈 아이가 왜 이렇게 많을까, 하는 생각이 들어요.

따라서 써 볼까요?

가장 무섭고 가기 싫
가장 무섭고 가기 싫

은 병원이 치과예요.
은 병원이 치과예요.

(　　) 안의 틀린 낱말을 바르게 써 볼까요?

이를 빼러 (칫과)에 갔어요.

문장에 맞게 띄어쓰기를 해 볼까요?

치과에가면왜울어?

정답 : 치과에 가면 왜 울어?

낱말 퀴즈 박사 되기

1

아래 글을 읽고, 맞는 단어에 ○해 볼까요?

1. (깻꽃 / 깨꽃)은 무더운 여름에 피어요.
2. 장식이 달린 (허릿띠 / 허리띠)를 맸어요.
3. 친구네 집은 저수지 (위쪽 / 윗쪽)이에요.
4. 묵은 콩과 (햇콩 / 해콩)은 색깔이 달라요.
5. 사자의 (코털 / 콧털)을 건드리면 큰일 나요.
6. 상자의 (갯수 / 개수)를 세고 있어요.
7. 죄를 지으면 (대가 / 댓가)를 치러야 해요.
8. 안경의 (촛점 / 초점)이 잘 맞았어요.
9. (치과 / 칫과)에 가기 싫다고 울었어요.
10. 봄이 되자 (해쑥 / 햇쑥)으로 떡을 했어요.

정답

1 1. 깨꽃 2. 허리띠 3. 위쪽 4. 해콩 5. 코털 6. 개수 7. 대가 8. 초점 9. 치과 10. 해쑥

2 1. 깨꽃 2. 해콩 3. 개수 4. 대가

3 1. 해콩 2. 개수 3. 치과 4. 코털 5. 해쑥

2

낱말을 찾아 어린이 시를 완성해 볼까요?

- 대가
- 해콩
- 깨꽃
- 개수

제목 : 밭농사

엄마 (   )은 왜 하얘?

해를 많이 봐서 색이 바랬나 봐.

엄마 (   )은 왜 딱딱해?

햇살을 너무 쬐어서 굳어버렸나 봐.

엄마 깨는 몇 개나 나올까?

콩대에서 콩은 몇 개나 나올까?

글쎄, 한 번도 (   )를 세어보질 않아서 모르겠네.

봄 · 여름 · 가을 동안

흘린 땀방울 (   )는 항상 받아.

3

끝말잇기에 맞는 낱말을 찾아볼까요?

- 코털
- 해콩
- 치과
- 해쑥
- 개수

1. 동해 ▸▸ (   ) ▸▸ 콩나물 ▸▸ 물구나무
2. 개똥 ▸▸ 똥개 ▸▸ (   ) ▸▸ 수염
3. (   ) ▸▸ 과자 ▸▸ 자두 ▸▸ 두부
4. 눈코 ▸▸ (   ) ▸▸ 털장갑 ▸▸ 갑판
5. (   ) ▸▸ 쑥국 ▸▸ 국자 ▸▸ 자전거

생각디딤돌 창작교실 엮음

생각디딤돌 창작교실은 소설가, 동화작가, 시인, 수필가, 역사학자, 교수, 교사 들이 참여하는 창작 공간입니다.
주로 국내 창작 위주의 책을 기획하며 우리나라 어린이들이 외국의 정서에 앞서 우리 고유의 정서를 먼저 배우고 익히기를 소원하는 작가들의 모임입니다.
『마법의 속담 따라 쓰기(전4권)』『마법의 사자소학 따라 쓰기(전2권)』『마법의 탈무드 따라 쓰기(전2권)』 등을 펴냈습니다.

문학나무편집위원회 감수

소설가 윤후명 선생님을 비롯한 많은 소설가, 시인, 평론가 등이 활동하며 문예지 〈문학나무〉를 발간하고 있습니다.

동리문학원 감수

소설가 황충상 원장님이 이끌어가는 창작 교실로 우리나라의 많은 문학 작가들의 활동 무대입니다.

마법의 맞춤법 띄어쓰기
5 틀리기 쉬운 사이시옷 완전 정복

초판 1쇄 발행 / 2021년 08월 10일
초판 2쇄 인쇄 / 2022년 10월 25일

엮은이 —— 생각디딤돌 창작교실
감　수 —— 문학나무편집위원회, 동리문학원
펴낸이 —— 이영애
펴낸곳 —— 도서출판 생각디딤돌
출판등록 2009년 3월 23일 제135-95-11702
전화 070-7690-2292　팩스 02-6280-2292

ISBN　978-89-93930-62-7(64710)
978-89-93930-52-8(세트)